ASSOCIATION

DE LA

PRESSE DÉPARTEMENTALE.

ASSOCIATION

DE LA

PRESSE DÉPARTEMENTALE

—

STATUTS

ET RÈGLEMENT

ADOPTÉS A ANGOULÊME, EN ASSEMBLÉE GÉNÉRALE,

Le 17 Mars 1849.

—◆—

AMIENS,

TYPOGRAPHIE D'ALFRED CARON,

Rue des Trois-Cailloux, 44.

1849

ASSOCIATION

DE LA

PRESSE DÉPARTEMENTALE

—

STATUTS ET RÈGLEMENT.

—

Exposé.

Les soussignés, propriétaires, gérans ou rédacteurs en chef de journaux de département, réunis à Angoulême pour la deuxième session du Congrès inauguré à Tours, le 15 septembre 1848, ont résolu de se constituer en Association régulière, d'établir ainsi entre eux un lien solide et durable, et de mettre en commun leurs efforts dans le but :

1° De sauvegarder les droits et les intérêts qu'ils ont pour mission de défendre ;

2° D'assurer aux populations de la France départementale la part d'initiative et d'influence qui leur est due dans la direction des affaires du pays, et de travailler énergiquement à la destruction des abus de la centralisation administrative ;

3° D'améliorer, tant sous le rapport matériel que sous le rapport intellectuel et moral, les conditions d'existence de la presse départementale, et de l'affranchir des entraves qui se sont opposées jusqu'ici à son développement et aux perfectionnemens qu'elle comporte.

Il est expressément entendu que chacun des membres de l'Association réserve la liberté absolue de ses opinions politiques ; mais tous aussi sont d'accord sur la nécessité d'opposer une résistance énergique et persévérante aussi bien aux efforts de l'anarchie qu'aux violences de l'arbitraire, et de défendre résolument les grands princines sur lesquels repose toute société : la Religion, la Famille, la Propriété.

Cela posé, les associés ont arrêté entre eux et accepté les conditions suivantes :

Constitution de l'Association.

ARTICLE 1er.

Il est formé, entre les soussignés et ceux qui, plus tard, adhéreront aux présens statuts après avoir rempli les conditions d'admission, une Association dont l'objet a été indiqué dans l'exposé ci-dessus.

Cette Association sera régularisée suivant les formes prescrites par la loi.

Le nombre de ses membres est illimité.

Sa durée est également illimitée.

L'Association sera constituée dès que les présens statuts auront été soumis aux formalités exigées, et que tous les signataires en auront reçu avis de la part du président.

Siége de l'Association.

ARTICLE 2.

L'Association, par sa nature même, ne peut avoir un siége fixe et déterminé.

Durant les sessions ordinaires ou extraordinaires, son siége sera établi au lieu où se tiendra la session.

En tout autre temps, le siége politique sera dans le bureau du président en exercice; le siége administratif dans le bureau du trésorier.

Conditions d'admission.

ARTICLE 3.

Nul ne peut faire partie de l'Association, s'il n'est propriétaire, gérant ou rédacteur en chef d'un journal de département, ayant qualité pour agir et s'engager au nom de ce journal. C'est, en effet, au journal, et non à la personne qui le représente, qu'est attaché le titre de membre de l'Association.

Chaque journal ne peut avoir qu'un représentant dans l'Association.

Si le représentant d'un journal cesse d'avoir qualité pour le représenter, ce journal sera mis en demeure de lui donner un successeur, dans le délai de trois mois, sous peine d'être considéré comme ayant renoncé au bénéfice de l'Association. Ce successeur sera soumis aux conditions d'admission spécifiées dans l'article 4.

Tout membre de l'Association, dont le journal cesse d'exister, perd immédiatement son titre d'associé.

Aucun journal de Paris ne peut faire partie de l'Association.

ARTICLE 4.

Pour être admis dans l'Association, il faut : 1° en adresser la demande au président, par une lettre qui devra faire connaître le journal que représente le candidat; 2° être présenté, en assemblée générale, par deux des membres de l'Association ; 3° faire acte d'adhésion pure et simple aux présens statuts et aux résolutions prises par le Congrès dans les sessions antérieures.

Exclusions, démissions.

ARTICLE 5.

Outre les cas prévus par les articles 3, 6, 15 et 22 des présentes, l'Association pourra toujours exclure de son sein les membres qui, par des actes blâmables, se seraient rendus indignes d'y demeurer. L'exclusion ne pourra être prononcée qu'en assemblée générale, au scrutin secret, et à la majorité des deux tiers des membres présens, après une discussion à laquelle le membre incriminé aura été dûment appelé.

ARTICLE 6.

Tout membre qui, le 1er septembre, n'aurait pas encore versé la cotisation due par lui, aux termes de l'article 8, dans la première quinzaine de mai précédent, sera considéré comme démissionnaire et rayé de la liste des associés.

ARTICLE 7.

Tout membre dont le nom aura été rayé de la liste des

associés, par application des articles mentionnés article 5, ne pourra être admis de nouveau dans l'Association qu'à la condition de remplir les formalités prescrites par l'article 4.

Il pourra, suivant les cas, être condamné par le comité au paiement d'une amende de cinquante à deux cents francs.

Le membre exclu pour cause d'indignité ne pourra jamais rentrer dans l'Association.

Fonds social.

ARTICLE 8.

Chaque membre de l'Association est tenu de verser, entre les mains du trésorier :

1º Un droit d'entrée de vingt-cinq francs au moment de son admission ;

2º Une cotisation annuelle de vingt-cinq francs payée dans la première quinzaine de mai, soit directement à la caisse, soit contre le mandat à vue du trésorier, les frais d'encaissement ajoutés à la somme principale.

Cette cotisation est destinée à faire face à toutes les dépenses générales, frais d'impression, circulaires, etc., etc.

Le surplus restant du produit de la cotisation à la fin de chaque exercice est capitalisé suivant le mode indiqué par l'assemblée générale, et forme le fonds de l'Association, qui s'augmentera chaque année du produit des amendes encourues.

Il appartient à l'assemblée générale seule de déterminer l'emploi de tout ou partie de ce fonds.

Il est tenu, par le trésorier, un livre de recettes et dépenses, suivant les règles de la comptabilité commerciale.

Comité.

ARTICLE 9.

Chaque année, avant la clôture de la session ordinaire, il est nommé, au scrutin de liste et secret, et à la majorité des membres présens, un Comité permanent composé de sept membres.

Le président de ce Comité est élu par l'assemblée, au scrutin secret.

Immédiatement après cette élection, le Comité se constitue par la désignation, dans son sein, d'un vice-président, d'un secrétaire et d'un trésorier.

Le président et les autres membres du Comité peuvent toujours être réélus.

Les fonctions des membres du Comité sont personnelles, et ne peuvent être transmises par les titulaires à leurs délégués.

ARTICLE 10.

Le Comité forme de plein droit le bureau de l'assemblée, dans toutes les sessions qui ont lieu durant l'exercice de ses fonctions.

ARTICLE 11.

Le Comité permanent est chargé de veiller à tout ce que réclament les intérêts de l'Association durant l'intervalle des sessions ; il exécute les résolutions de l'assemblée générale, agit au nom de la société, convoque les membres en session ordinaire, et, toutes les fois qu'il le croit nécessaire, en session extraordinaire.

Ses décisions sont prises à la majorité des voix. En cas d'empêchement d'un de ses membres et de partage entre les votans, la voix du président est prépondérante.

ARTICLE 12.

Le président a le droit, quand il le croit utile à l'intérêt général, d'inviter les membres du Comité à se réunir pour délibérer.

Tout membre du Comité qui n'assistera pas ou ne se fera pas représenter à la réunion, sera soumis à une amende de cinquante francs, à moins d'excuse que le Comité appréciera.

Il n'est alloué aux membres du Comité aucune indemnité pour frais de déplacement ou autres dépenses personnelles nécessitées par l'accomplissement de leurs fonctions.

A l'ouverture de chaque session, le secrétaire fait à l'assemblée générale un rapport, où sont exposés les actes du Comité depuis la dernière session ; et l'assemblée approuve ou désapprouve à la majorité des voix.

Assemblées générales.

ARTICLE 13.

Chaque année, dans le mois de mai, les membres de l'Association se réunissent en assemblée générale ordinaire, dans le lieu qui est indiqué par le Comité permanent. Ils se réunissent en session extraordinaire, sur la convocation du Comité, toutes les fois que les circonstances l'exigent.

L'assemblée générale entend les rapports du secrétaire et du trésorier sur les actes accomplis par le Comité depuis la dernière session ; elle reçoit et approuve les comptes, délibère sur les propositions qui lui sont soumises, soit par le Comité, soit par les sociétaires en vertu de leur droit d'initiative, et prescrit les mesures qu'elle juge utiles.

Il est tenu, par le secrétaire, un registre où sont consignés les procès-verbaux des séances, mentionnant toutes les résolutions adoptées par l'assemblée. A la fin de la dernière séance de chaque session, il est donné lecture à l'assemblée du procès-verbal, qui doit être signé par le président et par le secrétaire, après avoir reçu l'approbation de l'assemblée.

Les décisions de l'assemblée générale, en tout ce qui n'a pas pour effet d'engager l'opinion politique, sont obligatoires pour tous journaux associés, même pour ceux qui ne seraient pas représentés à la séance où ces résolutions auront été prises.

ARTICLE 14.

L'avis de convocation pour les sessions ordinaires ou extraordinaires devra être expédié par le Comité, de telle sorte qu'il parvienne à tous les journaux associés au moins vingt jours avant la date fixée pour la réunion.

Ainsi régulièrement convoqué, chaque journal associé est tenu d'être présent à l'assemblée générale, soit dans la personne de son représentant nominativement inscrit sur les registres de l'Association, soit par un délégué spécialement accrédité à cet effet près de l'assemblée par ce représentant, et appartenant à la rédaction, ou à l'administration du journal.

Tout journal dont le représentant ou délégué ne répondra pas à l'appel de son nom, à la fin de la deuxième séance de la session, sera soumis à une amende de vingt-cinq francs payable, soit en espèces à la caisse, soit contre un mandat à vue du trésorier.

La convocation pour les séances ordinaires ou extraordinaires doit toujours être faite par le Comité. Néanmoins, en cas d'urgence, le président pourra seul convoquer les associés en assemblée générale extraordinaire, sans être tenu de se conformer aux conditions de délai ci-dessus posées. Mais si la convocation est faite à un délai plus court que quinzaine, la présence à l'assemblée ne sera point obligatoire, et les journaux qui n'y seront pas représentés n'encourront aucune amende.

Publicité des actes de l'Association.

ARTICLE 15.

Avant de se séparer, l'assemblée générale indiquera quelles seront celles de ses résolutions dont elle jugera utile d'autoriser la publicité.

Aussitôt après la clôture de la session, le procès-verbal en sera imprimé par les soins du secrétaire, et distribué à tous les membres de l'Association.

Mention devra être faite sur ce procès-verbal de toutes les résolutions dont la publication aura été autorisée.

Tout membre qui ne se sera pas renfermé dans les limites de cette autorisation, pourra, suivant décision du Comité, être soumis à une amende, ou rayé de la liste des associés.

Révision des statuts.

ARTICLE 16.

Tout membre de l'Association a le droit de faire des propositions tendant à modifier les présens statuts; mais aucune proposition dans ce but ne pourra être prise en considération et donner lieu à une discussion que si elle a été déposée sur le bureau et signée de cinq membres au moins. Ces modifications ne pourront être prononcées qu'en assemblée générale, et à la majorité des trois quarts des membres présens.

Interprétation des statuts.

ARTICLE 17.

Le Comité sera juge de toutes les difficultés qui pourraient s'élever en interprétation des présens statuts. Appel de ses décisions pourra être porté devant l'assemblée générale.

Correspondance politique et commerciale.

ARTICLE 18.

Il sera établi à Paris, par l'Association, et suivant des conditions qui seront déterminées en assemblée générale, une Agence centrale destinée à compléter la correspondance politique déjà établie par le Congrès de Tours, et à organiser, pour les membres de l'Association à l'exclusion de tous autres, un service spécial de renseignemens, informations, correspondance, sténographie des séances de l'Assemblée législative et des débats judiciaires importans, sur quelque point du territoire national qu'ils aient lieu, nouvelles et bruits politiques, annonces, réclames, enfin de tout ce qui peut être utile ou intéressant pour la presse départementale.

Les seules bases dès maintenant arrêtées, quant à la constitution de cette Agence, sont les suivantes : 1º Elle devra être établie dans de telles conditions qu'elle remplace avec avantage toutes les entreprises banales de correspondance auxquelles les journaux de département ont été obligés d'avoir recours jusqu'ici ; 2º il sera obligatoire pour tous les journaux de l'Association de contribuer, dans une proportion déterminée par leur prix d'abonnement, aux frais qu'elle occasionnera ; 3º l'Association désignera elle-même l'agent qui devra en être chargé sous le contrôle du Comité, et, dans les conditions qui seront consenties avec cet agent, on r jettera rigoureusement tout ce qui pourrait donner à son opération le caractère d'une spéculation industrielle.

Feuilletons.

ARTICLE 19.

Le Comité avisera, dans le plus bref délai possible, aux meilleurs moyens de dégager, pour la partie littéraire, la presse départementale de la dépendance de la presse parisienne ; de la mettre en mesure de refuser à l'avenir toute contribution à la Société des gens de lettres de Paris ; de demander directement aux auteurs en renom, soit qu'ils appartiennent à cette Société, soit qu'ils n'en fassent pas partie, des feuilletons inédits et écrits au point de vue moral dont ne doivent jamais s'écarter les défenseurs des principes fondamentaux de la société ; de procurer enfin aux journaux de département, à des prix extrêmement réduits, le feuilleton-roman que la presse parisienne n'obtient qu'à l'aide de sacrifices ruineux.

Assistance réciproque.

ARTICLE 20.

Les membres de l'Association se promettent assistance et secours mutuels, dans toutes les circonstances où les efforts isolés de chacun d'eux pourraient n'être pas suffisans pour faire triompher le bon droit. L'accomplissement de ce devoir, qui ne peut être soumis à aucune prescription positive, leur est imposé par l'engagement d'honneur qu'ils contractent en entrant dans l'Association.

Jury d'Honneur.

ARTICLE 21.

Le Comité permanent pourra spontanément, et devra, toutes les fois qu'il en sera requis par l'un des membres de l'Association, se constituer en Jury d'Honneur, pour prononcer soit sur les contestations qui s'élèveraient entre les journaux associés, soit sur les différends entre un journal associé et un journal étranger à l'Association qui consentirait à accepter cette juridiction, soit sur les faits qui seraient de nature à porter atteinte à la considération de la presse départementale.

Le Comité, toutefois, ne pourra être tenu de se réunir spécialement pour cet objet. Lorsqu'il ne se croira pas suffisamment en mesure de prendre sa décision par correspondance, il renverra son jugement à sa plus prochaine réunion, et pourra appeler les parties à comparaître devant lui.

ARTICLE 22.

Les décisions de ce Jury seront souveraines et sans appel. Tout membre de l'Association qui refuserait de s'y soumettre, sera rayé de la liste des associés, et ne pourra y être réintégré, à quelque époque que ce soit, qu'après avoir payé une amende déterminée par le Comité.

Tous les Associés s'engagent sur l'honneur à ne vider entre eux aucune querelle par les armes, et à soumettre leurs différends au Jury. Ils devront également prendre l'avis du Jury sur la conduite à tenir par eux, en cas de conflit survenu par suite de l'usage de leur droit de publicistes.

Echange des journaux.

ARTICLE 23.

L'échange des journaux, sans soulte, est obligatoire :
1º Entre tous les membres du Comité ;
2º Entre chacun des membres du Comité, et un septième au moins des journaux associés, de telle sorte que chacun des journaux associés reçoive par échange au moins un des journaux du Comité.

Le Comité règlera la répartition de ces échanges.

Envoi gratuit des journaux.

ARTICLE 24.

Chacun des journaux associés sera envoyé gratuitement,
1º Au siége de l'Agence établie à Paris en vertu de l'article 18 ;
2º Dans l'un des cabinets de lecture et l'un des cafés de Paris qui seront, dans ce but, choisis par le Comité.

Droit de reproduction.

ARTICLE 25.

Le but de l'Association étant, avant tout, un but d'intérêt général, et les membres plaçant le triomphe de leurs principes au dessus de toute considération d'amour-propre ou d'intérêt privé, les journaux associés s'accordent réciproquement le droit absolu de reproduction sans indication de source, s'en remettant sur l'intelligence de chacun pour reconnaître les cas où l'indication du journal auquel un article ou une nouvelle auront été empruntés, pourrait ajouter soit à l'autorité, soit à l'effet utile de cet article ou de cette nouvelle.

Annuaire de la presse départementale.

ARTICLE 26.

Il sera publié tous les ans, sous la direction du Comité permanent, et à des conditions déterminées par l'assemblée générale, un *Annuaire de la presse départementale*, contenant : 1° l'analyse des travaux des assemblées générales ; 2° la liste complète des journaux associés ; 3° la liste générale de tous les journaux de département avec leur titre, les noms de leurs rédacteurs et imprimeur, leur mode de publicité, leur prix d'abonnement et d'annonces, la date de leur fondation ; 4° la législation de la presse ; 5° tous les faits qui pourront intéresser la presse départementale, les poursuites auxquelles les journaux de département auront été en butte, les condamnations judiciaires qu'ils auront pu encourir ; 6° l'indication des principaux ouvrages publiés dans les départemens, etc., etc.

Cet *Annuaire* sera imprimé par un des membres de l'Association qui sera annuellement désigné.

Un exemplaire au moins sera adressé à chaque membre de l'Association qui en devra le prix, en sus de sa cotisation annuelle.

Œuvres d'art et de littérature dans les départemens.

ARTICLE 27.

Les membres de l'Association s'engagent à encourager, par tous les moyens en leur pouvoir, les travaux littéraires, scientifiques et artistiques dans les départemens, et à donner gratuitement le concours de leur publicité, en dehors des annonces et réclames, à toute œuvre de mérite due aux écrivains et aux artistes des départemens.

Disposition transitoire.

ARTICLE 28.

Transitoirement, et pour faciliter aux journaux qui en auront l'intention, l'entrée dans l'Association, le Comité est autorisé à prononcer sur l'admission des journaux qui en auront adressé la demande au président, pendant les six premiers mois qui suivront la date des présens statuts.

Fait et signé, en assemblée générale, à Angoulême, le dix-sept mars mil huit cent quarante-neuf.

Pour copie conforme,

Le Comité :

VICTOR DE NOUVION *(Courrier de la Somme),* président ;

Z. RIVAUD *(Le Charentais)*, vice-président ;

ÉMILE CRUGY *(Courrier de la Gironde)*, secrétaire ;

LADEVEZE *(Journal d'Indre-et-Loire)*, trésorier ;

EMM. DE CURZON *(Abeille de la Vienne)* ;

J. BORIES *(L'Opinion d'Auch)* ;

JUSTIN DUPUY *(La Guienne)*.